AF598802

EL COMPÁS DE MI BRÚJULA

VICTORIA SÁNCHEZ-SIERRA VIERA

Aliarediciones

Corrección: Alejandro Santiago
Diseño de cubierta: Pablo Arellano
Maquetación: Aliar Ediciones

Depósito Legal: GR 1182-2025
ISBN: 979-13-87823-72-6

Impreso en España

Edita
ALIAR Ediciones
www.aliarediciones.es
info@aliarediciones.es

EL COMPÁS DE MI BRÚJULA

VICTORIA SÁNCHEZ-SIERRA VIERA

Mi abuelo era el mar
el embravecido
el calmado.

Mi abuela era el atardecer
más encendido
el más emotivo.

Hablo en pasado
pero sigo recordándoos
en cada firmamento
y seguís presentes
en cada paso y verso que doy.

Soy porque sois parte de mí.

Y lo seguiréis siendo siempre.

Prólogo, por Atín Moreda

LA ESPERA

Dicen que de la espera se aprende,
que le da sentido a las luchas
y forja lecciones en nuestra mente,
pero…

A mí se me hace larga.
Se estira y elonga
y pesa sentirla
porque ya he aprendido
a golpes y caídas,
a pedradas de extraños
y zancadillas de «amigos».

Y mientras más se prolonga,
más me cuestiono
qué debo aprender aún
para librarme de su peso.

Para qué esperar a que cambie
cuando solo alargo su estadía
y la ato aquí,
conmigo,
al otro lado de la cama.

Se ha instalado a mi vera
y no consiente el desahucio
por mi falta de acción.

Tendré que tomar medidas
y echarla a la fuerza,
porque esperar por esperar
se me ha quedado pequeño.

Cuando puedo levantarme
y alcanzar,
con las manos desnudas,
todo lo que quiera.

Si voy, es un par de pasos por delante.
Si fui, fue para avanzar en mi caminante andar.
¿Si seré? Yo no sé, si iré,
será en pos de encontrarte tras haberme encontrado.

La triste y feliz historia
de aquella dulce tierra que sus brazos
y sus frutos dio en la memoria
de aquel trabajado cimiento
por el que luchó.

Aquel apisonado y pisado
terreno que siempre mereció.

Por mucho que no lo viera.
Por mucho que no supiera.

PERMITIRSE

Porque permitirme ser fue el paso
más grande que tomé. La decisión
que me llevó a quererme, para así, merecer
el amor y el cariño de los demás;
de aquellas que siempre estuvieron junto a mí.

Fui esa persona que siempre se sintió fiel
a sí misma, pese a que se perdiera,
pese a que le costara encontrar y hallarse,
pese a que siempre se sintiera fuera de sí,
lejos de la gente y su ruido;
pese a que se viera y sintiera incomprendida.

Sus turbias aguas sedimentaron
y clamaron la quieta inquietud
de su hambre constante por ahogarse,
por sumergirme en su propia profundidad.

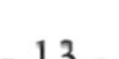

PAUSA

A las orillas de tu manzano
fraguan mis ganas por ser llanto
y tierra firme y libre del canto
que atisbe causa e inseguridad.

Pero leve; solo un poquito.
Para que pueda leerte y llamarte
por la leve caricia que el viento
aterriza en las hojas de la mariposa
que vuela indiferente al ritmo
humano y su ser. Y su sed
de constante ambición de conformidad
llana. Y yo, aquí, sola, sentada,
junto a mí. Ahora, más, no necesito.

SIENDO

Siento tus dedos acariciando mi viento.
La mariposa que posa fugaz su alma
en la verde laguna de robada figura.

Siento a la roca tozuda que al árbol
se aferra para que no marche ni se vaya
de su regazo frío, por su fuego calentado.

Siento la nube que no fue en tu azul cielo
que las libélulas, en su prosaico danzar,
hicieron desaparecer y no hallarse en el ayer.

Siento tu beso hiriendo en mi firmeza,
tu caricia en mi valle y ahonda en mí
más y más, más y más y cada vez
más dentro de mí y formando parte de mí,
mientras tu quejido atruena cada recodo de mi ser.

Siento tu viento acariciando cada hoja
que algún ave alguna vez rozó en su lívido cantar.

DE VUELTA

En el patio de mi río se debe
comer antes de tener sed, cantar sin aguante
hasta desgarrar las cuerdas de la cordura.

Ser una misma, y sola, por pura bravura.
Ser, por delante y por el envés sin guante
ni funda que confunda a la roca que bebe;

porque tu corriente, enamora, mas no lo corriente.
Tu simiente siente entre juncos y zapateros,
el fresco calor con el que silban los jilgueros
subidos en la copa del quinto tridente.

Porque tu paz tiene un aroma perenne
que el agua y la grava se llevan a terceros
ríos y mares por los que asoman los trileros.
Un ave que llama a su color y silencio estridente.

SENTIDO

Árboles y un banco. Paz, y remanso.
Como el ave que el cielo surca sin descanso,
tranquila, relajada. Como ánade posada
en la charca y el galápago que al sol alaba.
La sensación de que la constante quietud cambiaba,
mas no era más que la sed alada
de aquel pez que se cansó de vivir en tierra,
de ser lo que no era, cual dentada sierra
que ser lisa y llana solo quería,
no cortar ni por accidente y vía.

Que la naturaleza dicta y bla, bla, bla;
solo oigo excusas huecas de quien habla
de más. Que, en su osadía, escale el pez,
que vuele el lince y nade el halcón,
y respire en el espacio a su vez.

¡Que los pulmones aniden en el agua
y las branquias el aire vivan,
que asomen las raíces por la copa
de los árboles y sus hojas
crezcan bajo tierra! Que cada palabra
sea muda y los versos rimados
se vuelvan arrítmicos, que los
cementerios sean lugar de jolgorio
y llanto en los partos, y nazca vida
en la luna.

Que nuestro interior sea visible
y no lo que dejamos entrever.

Que todo lo audible sea invisible al tacto,
y el gusto que tiene tu olfato no tenga más
sentido que el simple saber de aquello
que nunca ha de deshacerse, por mucho
que en mí me deshaga de mi razón.

Que me permita mi merecido descanso.
Que mi guerra y mi paz se unan en mi remanso.

CANDOR

Qué paz, qué calma en el valle
de las fuentes. Santo gusto sin paradoja.
Cómo añoraba el aroma a roble, el rumor
de sus hojas, el deshoje del otoño
y su húmedo respirar, su verde cenizo,
su amar rojizo y amarillos destellos
en su vida reflejados. Un candor
que solo el albor reconoce entre encinas
y caducos algodones flotantes añoradores
de las estrellas. Y firman la mentira
más verdadera que este octubre solitario
jamás pronunció.

AZUL

Pasearte sin pensarte, sin sobresalto.
Soy esa chica sin frío, sin chaqueta
en un día de lluvia. Me verás con música
resonando en mi piel erizada, en el pálpito
que surge en mis entrañas al notarte cerca,
con piedras borradas en mis zapatos por el rastro
que desconocía, aquel que he visto por primera
vez en tantas ocasiones. Tan distintos
tantos momentos iguales. Calcados.
Pero ahora la marca abarca más que ayer;
ahora al mirarme creo en mí y me valoro
cuando recorro con tu mirada en el cielo
con la mía. Con la que siempre debió ser
y de la pregunta nació la admiración
propia y el subjuntivo más indicado
para este momento tan esencial
en el que me reúno rodeada del azul
de los árboles

conmigo
conmigo
conmigo

me riego y me niego a no ver el fucsia
en mi flor, en la tuya y nuestra,
y el mundo muestra su más radiante nublado.

Y se abre.
Y todo calma.
Y todo orden.

Conmigo.

CONSERVAR O VIVIR

Los libros perfectos
siempre me dieron
desconfianza.

Un libro
sin mella
sin gota
sin nota
sin doblez
sin línea de lápiz
sin mancha de grasa
sin pelo
sin marca de sudor
sin papel amarillento
sin suciedad
es un libro
sin aliento
jamás leído
ni querido
un libro
jamás amado
ni llorado.

Desapasionado
no tocado.

Bien cuidado
sí.
Bien conservado.

Pero
un libro
sin vida.

REMEDIO

¿Qué remedio hallar ante la ansiedad
y su inseguridad, si su caduco deshoje
parece a veces perenne? Firme como edificios,
penetrante como la planta que, tozuda ella,
crece en medio del asfalto, hiriendo la seguridad
del camino y tropezar hacen sus raíces.
Cómo evadirla, cómo hacerla retroceder,
evitar su avance. Encontrar mi refugio
fue lo que me hizo escucharme y aprender
a quererme.

La música y sus líneas, la escritura y sus notas,
caminar hasta exceder la fatiga, sin rumbo,
hasta encontrar el atardecer.
Llorar bajo el agua y cantar hasta
dejarme la garganta y la contenida rabia
fuera de mí. Ver esa película que
pintó de miles de sueños y colores
a millones mi puerta y la destrozó
de golpe en su impar regazo.

Porque todo empieza por un motivo,
prefiero ser la dueña de mi libertad
y la máxima responsable de mi bienestar
y permitirme los baches y darme

impulso con ellos y dejarme querer
cuando lo requiero. Solo, y tan solo,
porque me quiero.

Dejarme respirar en los días raros
que pueda tener y, simplemente,
ser para mí y que sea suficiente.

HAY DÍAS…

Hay días… y días.
Mañanas de escuchar música y escribir
sin más necesidad de más producir.
Mañanas de pasear y caminar
bajo tu cielo de asfalto y artificio
y ver aves ladrar, y coches cantar
a la misma sintonía, en la linealidad
discontinua de las hojas navegantes
y sus estridentes paisajes, y la osadía
de la ropa tendida, caminando en al alfeizar
de tus pestañas. Y la marca rítmica
del latido unísono e indiferente
del divagar humano, inadvertido
el felino y su llanto.
Alarmas y voces entre tétricas luces.

Hay días… y días.
Tardes en las que despiertas con la mano cambiada,
con el paso desequilibrado y la sonrisa insegura;
con comienzos con sensación de fin,
con término de condición, sujeta a ellos
y pendiente de otra propuesta y visión
ajena a tu realidad y forma de normalidad,
donde el ruido y su tacto se hace insoportable.

¿Dónde quedó y quedo yo en este vacío
de voces huecas y mudas?
Si el sentimiento está vacío de emoción
aquí, y los trenes ya no leen versos
de antes ni de ahora, solo ven
pizarras azules de dibujada oscuridad.

MUNDO

Disfruto tanto de la soledad…
¿Habrá algo mal en mí?
Si los atardeceres los disfruto más estando
sola que en compañía, si me siento en paz
cuando sola en mí me encuentro,
y me pierdo, y me veo sola sin sombra,
sin luz, sin oscuridad ni pretensión
por el fuego que solo en el sol siento,
en su humedad y su vuelo y horizonte
helado; si los alardes y su cálido
abrazo los veo en mí, alejada
de la vehemencia emplumada de aquel
que oculta su verdad, su luz y oscuridad
y solo muestra aquello que elige;
si en mi honestidad asalmonada
me sentí liberada, alejada de las cadenas
que me apresaban y de la sierra
tras la que se ocultaba el verdadero ser.
¿¡Cómo voy a volver al ayer, si
ese ayer ya no es parte de mí!?
¿Cómo ahorcarme ahora en ese vago
y cruel saber? Si tras irte, tan solo
queda la calma, y tras tu marcha,
tan solo esperanza al ver en mí reflejado
el firmamento que debí merecer;

si el abandono significó pérdida,
no fue la mía, no fue mi losa la que lapidó,
sino la luna y su amanecer al saber
que ni del sol podía depender.

Vida y sustento.

Mundo.

TU GRAVEDAD

¡Qué bonito es verte, lago de alondras,
estanque de césped y juncos de luz!
El reflejo cambiante en el árbol
de tus ramas las escamas admiran
en el brillo de tu bella quietud,
en al aroma que tu viento atrae
y arrastra sobre mí, a las orillas
de mi volar y al ondeante arco y fina cortina
que ante mi horizonte se alza.

El llanto y su canto, el graznido y su nado
y las ondas que al pasar genera y alza
hacia el cielo, celoso de su forma y figura.

Y es que ya me da igual tu nombre;
si cuando andas cerca, desaparece la gravedad
y su importancia.

SIN MÁS

Escribiría, pero hoy… no me sale.
no sé si es esta migraña que me invade
o la desgana que agosto me deja.
¿Serán las agujetas que se clavan en mis piernas,
o la alergia que respirar bien me impide?
No sé, solo sé que sola aquí me hallo, sin más,
sentada en un banco frente a una adelfa,
pudiendo estar contemplando el horizonte
edificado de Madrid que ella me impide.

Bueno, yo, al elegir sentarme aquí.

Solo sé que el sol empieza a asomar a la colina
y que el frescor mañanero marchará pronto
y cada vez habrá más gente paseando o corriendo
sola o junto a sus perros. Ellas, ajenas a mí,
y yo mientras aquí, pensando y divagando,
cíclica en mí, contando esta necesidad
sin importancia, sabiendo que no soy lo que traigo
y, por mucho que lo trague, no soy el yo de ayer,
ni siquiera el de ahora.

Si acaso, mañana.

Y mañana, un bledo importará el ahora
de hoy.

El de ayer.

Corre,
que llegas tarde.

ROJO

Un paso, dos, tres, otro de gigante,
arena en las manos, en el costado
y a la sien de tu orilla. Papel mojado,
el alma húmeda y pies en la arena
en el vaivén de tu plateada orilla,
mientras un mono rojo escapa al horizonte
dejando atrás al crepuscular amanecer
que se formó en mí. Marchó el ave fugaz
a su encuentro y sola quedó sin aliento,
sin remanso donde ser consigo. Pero tranquila,
más suya por ello, más segura al saber
que solo dependía de sí misma y del dorado
acaecer que el adiós siempre retorna a mi orilla,
a la arena enterrada, encerrada entre mis dedos
y al dibujo que su huella dejó
en mí, plasmada, anonadada, tímida,
ya sin ser frustrada.
Ya sin vivir asustada.

LLAMADA

¿Por qué será que el mar no me inspira
si en mí tanta calma germina?
Si me siento en paz, tranquila,
¿qué tendrá entonces que no me anima
a escribir? ¿Será que su ruptura
sepulta la sal y mi sed insegura
deja aquí de tener sentido su figura
y que el tozudo oleaje en su bravura
arrastró y se llevó toda maldad?
Será, será… y no creo en la casualidad
de la arena, el viento y su aleatoriedad
cuando todo es más sencillo a la altura de su humedad.

GRAFÍA

¿Atrapar el momento o vivirlo?
La eterna pregunta. ¿Será mejor
conservar encerrado el recuerdo, al simple
y llano *vivirlo*? Si al contemplar
esa imagen te traslada a ese tiempo
y espacio y a veces a cómo te hizo
sentir, y hasta cómo olía, cómo sonaba;
mas, al hacerlo cautivo, perdiste el tacto
de su piel, lo que te producía la caricia
de su mirada y su estrellado divagar,
su anaranjado aroma y la rosa de su inicio.
Las perlas y huellas marcadas en la arena
y las conchitas de luz saciadas
y la gente, contemplando indiferente
el haz de tu camino y así, simplemente,
su momento marchó, perdió su vida
al no vivirla y no contemplar el ruido
que la espuma producía en su estridencia,
su compás arrítmico y su iluminado oleaje.

Será, será… y el tiempo pasó
y su inexorable paso trajo el brillo
que tan solo unos pocos supieron apreciar.

ESFUERZO FALSO

Escribir sin querer es como…

correr quieto,
haces el esfuerzo,
pero no llegas a ningún lado;

como mirar sin ver y sin profundidad,
como una tormenta y rayos sin lluvia,
como un atardecer o un amanecer sin estrella,

sin azul, nublado, sin banco ni reposo,

como mar sin sal, como corriente estancada,
como un árbol deshojado, como flor sin pétalos,
como un ave desalada, sin piar y sin graznido,

sin poder volar,

como aquel pez del mar
exiliado, sin poder nadar,
sin poder respirar.

Escribir sin querer es como…

querer sin amar

querer sin escribir

amar sin querer.

SOLA, AQUÍ Y AHORA

Y me encuentro, sola, sola conmigo, otra vez
aquí, sola aquí, aquí, bajo este cerezo,
sola, agitada, sin motivo ni razón aparente
ahora, ahora que excusas son inexistentes
para yo sentirme así, sola, aquí y ahora,
bajo este azulado cielo de finales de septiembre
de calor y frío al mismo tiempo, donde se nombra
aquí el abrazo vespertino de su cálido aliento
y todo es confusión, un revoltijo de aullidos
y dolores nocturnos, de esos que callan ahora
y a deshora, a la altura de la afonía
más estridente y su incongruente gritar
y su más hiriente melodía, sola en su ahora
y tirada ahí, a su propio abandono
y marchito deshoje atropellado por su sed
y, sucumbida, grita que, seguro, abre
a luz los daños y engaños del ayer
luchando con la claridad, la dulce claridad
del infante que habla sin temor,
sin estereotipos, ni tapujos.

Solamente quiero ser así, sola, aquí,
libre de mi mente y de los miedos
que la conforman y sentir que ya no hay mal
que pese.

Aquí, sola y ahora.

DICEN

A ese hombre anónimo
del saxofón en
El Retiro.

Nunca es demasiado tarde, dicen,
que la marea y su arena siempre vuelven,
que las hojas de los árboles vuelven a crecer,
que todo vuelve, hasta la vida y el viento,
el agua salada al monte y la tierra al magma
y a la profundidad de su existir,
que un día todas seremos alimento
y todo será polvo y cenizas de las que resurgir,
que el amor siempre encuentra su lugar,
siempre que el punto de partida sea el propio,
que el amor nacido de la necesidad de no estar solo
no es amor. No, no es amor.
Será algo fugaz y que sacia con el tiempo.

Pero no, no es amor.

Dicen que el vuelo de las aves
lleva siempre a casa, de vuelta al hogar,
que nunca es demasiado tarde para darse cuenta
que no solo es volver, partir o llegar,
que no todo es ese instante y que jamás
será nada igual al regresar,

así que no volveré a decir que allí volví
cuando ya no soy el yo que ayer fui,
ni que regresé al punto de partida.

Me diré, simplemente

bienvenida.

LA VIDA SIGUE

Y la vida sigue, sigue pese al tiempo,
sigue pese a la osadía del viento
y sigue pese al correr del agua
y pasa pese a que parezca que no
para aquella inamovible roca, la vida sigue.

La vida sigue por mucho que el miedo no quiera,
la vida sigue aunque el mundo no quiera,
aunque hiera, yerre y sangre, sigue,
y sigue pese a su gris atardecer,
pese a su propio peso y firme puesta,
indiferente a cuestas de bajada o subida,
pese a la ida y su adiós cruel,
la vida sigue y sigue independientemente.

De ti.

De mí.

RECORDÁNDOTE

Tengo que admitir que… pese a todo,
pese al tiempo, mi seguridad todavía
no te ha superado, no te ha olvidado.

Tengo que admitir que te sigo echando
en falta, que te sigo escribiendo
de vez en cuando. Que todavía te extraño.

Tengo que admitir que ni sé si quiero
olvidarte. Ojalá no hubieras marchado
sin decir adiós… ojalá.

Debo confesar que no sé soltar,
dejar ir de verdad. Al menos,
me cuesta digerir tu marcha.

Sí, la tuya. No la de nadie, no.

La tuya.

Y podría seguir contándote,
pero no quiero, solo deseo diluviar
y diluir mis fuerzas, gritarte
que sigo aquí, estúpida de mí.

Recordándote.

MARRÓN

Un instante en la tierra. Calma.
La delicadeza del alma y su cielo
y el calor y calidez de su abrazo.
El brillo y dorado reflejo en sus notas
atrapado como mar en la tierra anclado.
El deshoje del retoño y las perladas
motas, desgastadas por costumbre.
La inseguridad que dan los nuevos senderos
y las voces de su risueña maleza.
Si atrapo este momento en tu vientre
es solo para ser consciente del tiempo
transcurrido entre tu mirada y mi frontera
y la aguja que hila tu sonrisa a la mía,
al sabio consejo que antaño no supe seguir,
pero que hoy su recuerdo no se halla
encajonado, ni quedó en el intento
de romper su silencio. No, ya
no. Fue viento. Viento que almas iza.

CANCIÓN

No sabía qué ponerme, si camisa,
blusa, falda o pantalón. Si jersey,
tirante, pintarme o no. Qué decir
si los nervios y las ganas de verte ganaban,
qué decir si no sabía qué poesía elegir
para vestir aquel día. Cabizbaja
anduve tras su luna y curvatura
templada y, al verla, paró todo de girar
y de no parar. Y la nostalgia fue
la mejor parada, tu orilla y olor
a costumbre. Ahora que piso firme sobre el suelo
dejando las migas que antaño no supe
encontrar. Aquella calle que no supo seguir
su canción.

TEJIDO

El otoño de las casualidades claudicó
su lumbre, hizo caer las castañas
del hambre, las hojas de la tierra,
el secreto que la ilusión aprieta
arrastrando y trepando verjas las arañas
que antaño aquel daño marcó.
Un tejido soldado y entrelazado
al desánimo, a la fosa que rara vez
hallaba su hueco y lugar de reposo,
solo halló su paz al enfrentar su poso,
pozo de cenizas; lágrima de una tez
laminada. El sol cielado más estrellado.

BAILA

Danza, danza y baila, castañea
los talones, la madera y empedrado.
La andanza marcada adentrada a la mar,
varada en la playa y oleaje, sin parada,
sin descanso a propia voluntad.

Baila, baila y danza, sumérgete
en el vaivén de los juncos al viento
que lo acarician con sus dedos.
En el agua al discurrir por tu estriada
columna y a las faldas de la sierra
menos afilada y que alardea de la mayor
suavidad que las dunas aún envidian.
El aleteo de las ninfas sobre tu tronco
y raíces y la cortina gris perlada
de la lluvia que torbellinos y huracanes
intentan imitar.

¡Danza, baila y danza!
Aquel lenguaje que el universo
jamás supo traducir.
Y, sin embargo, dos cuerpos unidos en uno
tradujeron a la perfección.

LUNA NUEVA

Luna, lunera, luce tu lucero
noche y día.

Luna, lunera, destella tu estrella
hasta las hadas.

Luna, lunera, añejos espejos,
reflejo de tu afable mirada.

Luna, lunera, traza tu estela
en torno a mi risa y vía.

CALOR DE OTOÑO

Si te digo que,
«Si soy más feliz, reviento»,
a lo mejor, reviento de verdad.

Y… sí. Me he bajado andando
todo Príncipe de Vergara desde
Alfonso XIII sin darme cuenta,
sin advertir que mis zapatos,
precisamente para andar… no eran.
Esta tarde me dolerán los pies,
pero, ¿y qué? Si irradio felicidad ahora
sin necesidad de nada más
que estar sentada en El Retiro
en pleno noviembre escribiendo al sol,
escuchando graznar a las cotorras,
sintiendo el viento ondear mi pelo
y de los ámbares, naranjas, rojos,
verdes y caobas pintados
en la naturaleza del deshoje
de un otoño que, más que sabor
perecedero y caduco, lo tiene a vida.

MERODEANDO EL CIELO

El mismo lugar, el mismo sitio
y, aun así, es distinta su tinta.
La marca que lleva a ningún lugar,
la barca que no indicó la pausa
que abarca el sol sin sombra.
Si somos carne de reemplazo,
no lo veo hoy así.
Solo recuerdo tu amplia sonrisa
y sincera mirada de ojos navegantes
vagando en los míos, y mientras yo,
perdida en la inmensidad de tu cielo
con la perpetua sensación
de no querer separarme de ella
ni de su firma y mentón.
Que no siento engaño esta vez
en mi ver. Ni en el tuyo.
Que siento el hoy como debería
haber sido ayer. Del despedirme
de ti, sin querer. De querer
seguir sabiendo de ti el resto de la noche,
entre vientos a favor y su sol resplandeciente.
Que lo siento ahora como verdad
y, de verdad, esta vez sí quiero
que realmente sea este amanecer cielado.

MORADO ENGAÑO

Ahora mismo solo quiero decirte
que solo quiero dormir,
que no sé ni qué escribir.
Que no sé qué soneto dirigirte

al ser mi lamento de este triste
corte. Que no sabría suprimir
un solo verso de mi llanto y recibir
tu mancha mirándome al irte.

Que a veces me pregunto si de verdad
merece la pena ilusionarme y confiar;
si de verdad es útil mi realidad;

si, en verdad, se ha de desviar
con cada zanja el arroyo. Marcad
vosotras hoy la hora y su latente piar.

REFUGIO

Ven, ven conmigo libreta querida
mía. Que cuanto menos me aprecio
más puedo querer yo a tu recio
perecer. La sed del balcón vencida.

Ven, ven conmigo, milagro y latida,
aquella que me comprende y un precio
no me impone cuando mi ver necio
es y no me encuentro y me veo desmerecida.

Ven conmigo y con mi sed impaciente
por verme lejos de mí y del cielo
firme en tierra y sol naciente.

Ven conmigo, por favor; en el vuelo
del vivo deshoje e hiriente
marcha que deja firme huella y suelo.

TIENTO

Suspendida, en el aire, en tu agua,
flotando, en tu marco, sin arco,
en el vacío entre versos asépticos
y enterrados en mármol, sin árbol,
sin tierra y sin raíz y el mal fario
de la iluminada falsedad de la atención
y su falso foco, de puertas cerradas
que a nada llevan, solo son curiosidad
del qué podría haber sucedido, la imprevisibilidad
del haber y su ayer y del *a ver* ciego
y mudo, solo la imaginación dicta
invicta la sangre de lo no recorrido.
La esperanza del ruiseñor y su níveo
manto al amante encrucijado
al viento determinante maltrecho.
A las agujas del tiempo y afilado
tiento entretejido en su hastío.

VOZ PERDIDA

Perdida en los recuerdos del ayer,
en quien fui, vi y viví,
en las sombras que sobre mí
se cernieron, en las personas
que desaparecieron de mi horizonte
y cada vez más cuesta recordar
su voz en mi memoria.

Tan solo en sueños aparece a veces
en forma de agujas clavándose en mí.

Y es que no sé muy bien cómo
reaccionaría si de verdad volviese
a escucharte, de verdad que no lo sé.
Solo sé que jamás reaccionaría con indiferencia.

Esa que sí mostraste tú al marchar.

LIBRE

Soy.
Y, al fin, libre.

Libre de las ataduras que me apresaron,
libre de mi coraza, de mi estúpida
sed por hacerme daño y mal,
libre de mentirme, de en mí
retraerme, libre de la jaula
que me impedía ser, volar y llorar
de felicidad, de sentir mi realidad.

Libre del filtro que ponía a mis emociones,
del muro que levanté ante ellas.
Libre del miedo que me atenazaba
y de ser libre me retenía.

Libre. Libre al fin.
Libre de mi veneno.

¿Libre de mí? No.
Libre, conmigo.

CIELO

Las nubes y sus luces; su sombra.
La naturaleza en lo visto, en lo basto
del horizonte, en la delgada línea
que dibuja tu sonrisa al rasgar
las notas de su desgarrador fin
al sinónimo de su asentada azotea.
Que prefiero vivir en la luz
con sus sombras que en plena oscuridad
sin nada, en el vacío. Agua y fuego
que la vida requiere.

CAMINO

Camino. Alto. Y descanso.
Un horizonte gris azulado decorado
de árboles en hierro y hormigón
difuminados. Árboles y jaras, reales,
por piedra sustentadas las encinas
a sus alfileres y fino filo sin fin.
Pájaros cantores, un cielo desnudo
y una estrella de verde moteada
llamada por una mirada que relajada
llama a la tranquilidad y gravedad
de su corriente y flamante grava.

QUERIDOS DEMONIOS

Queridos e internos demonios,
¿seguís ahí? Porque a veces
os oigo, pero hace ya mucho
que no os presto atención. Y, menos, veros.
De hecho, si ahora os viera, puede,
y solo puede, que ni os reconociera.

Puede que a veces hiráis, lo reconozco.
Puede que a veces el viento os traiga de vuelta.
Pero no, sois solo sombra
y bruma de un ayer que ya dejó
y cesó de existir, un ayer que ya no es
ni sentido ni coherencia tiene conmigo.

Soy, simplemente, otra.
La misma. Más yo si cabe.
Y cabe, ¡vaya si cabe!

Ahora que soy yo al completo
y vacíos que llenar ya se amedrentaron
y su ansia ya no me pertenece,
cabe mucho más en mí de aquello
que antaño jamás podría haber oído.

FANTASMAS

He visto un fantasma asomado a la esquina
acercándose sin ni siquiera saludar,
sin amagar en su osadía, sin avisar,
alterando hasta la médula, tocando la espina

que aún dentro estaba y en mí atina
aunque no advirtiera que tocara mi morar
calmado, la lanza osada del rumiar.
La oscuridad del alba que adentro afina.

Este sopor y esta amargura, ¿de dónde vienen?
¿De la sombra y espejismo que dejaste
al marchar sin más? Ahora a mí te acercas

como si nada, como si esas luces tercas
rodeadas de su luna que allá miraste.
Y, sin embargo, los fantasmas no existen.

Los fantasmas son del ayer.
Un ayer que duele, pero que ya no es.

LLAMA

Y, sin darme cuenta, me mordí el labio inferior,
sin darme cuenta, comencé a pensarte.
En esa pícara y sincera mirada, en tus ojos
que a la mar refleja y a tu nevado tacto
que la espuma del rompeolas sueña que acaricia.
Y es que ya lo dijo aquella atravesada
melodía que tu fuego trajo, derritiendo
toda duda de que en tus huellas me encuentro
en calma, en paz, acariciando tu piel con mi piel
la miel de tu estremecer. La copa donde encuentro
mi hogar y tranquilidad avanzando,
el movimiento que el oleaje llama y acata.

RECUERDOS DEL MAÑANA

¿No te ha pasado alguna vez, una de esas,
que tienes recuerdos del mañana? ¿De esos
que aún no existen? Y solo quieres decir:

Ven, acércate a mí, aunque
sea sin prisa, pero ven, ven conmigo
y ve el destello que provoca en mí tu mirada;
nota el fuego sísmico y palpa cómo se acelera
al tenerte cerca, libre de su presa y presión
musical danza.

De esos momentos en los que puedes sentir
hasta su respiración y su aliento y su mirada
en ti y su anhelo al compás del tuyo
por juntar sus labios con los tuyos
y los tuyos con los suyos y acariciar su tez
y su cuello y sus manos y sentir cómo se apresan
la una a la otra mientras dos bocas
se abren y se cierran a la par
y juegan a lamerse y a morderse
y a saberse y a reconocerse y a conocerse
a aprender los ritmos que alientan
en un suspiro un mundo de tiempo
que cabe en un segundo mudo

que sabe eterno pese a su fugacidad
y, pese a no haber llegado su estrella,
sentir ese hormigueo recorriendo todo tu cuerpo.

Un recuerdo del mañana que ni sé si llegará,
pero que yo espero mirando a la noche
lunada de tu cielo.

HASTA EL ÚLTIMO DE MIS DÍAS

Siento tu mirada acariciando mis pestañas
un cielo que con su aire su brisa abriga
mis adentros y me da tu paz y calma
que la piel me eriza con tu acogedor frescor.

Sentada frente a ti sobre tu alfombra
apoyada en tu regazo sintiéndome en casa
al estar contigo tan sola y acompañada.

Y es que sé que te seguiré escribiendo
hasta el último de mis días hasta el último
aliento. Porque desde que aprendí a apreciarte
los colores tienen otra forma.

Otra vida.

BLANCO

De cuando
descubrí Bilbao
y sus alrededores

Dame un rincón para mí,
dame un rincón para escribir,
dame sol y dame brisa, aves
y árboles que canten la música
que resuena en mí, en la corteza
floreciente que me recubre y acaricia,
dame paz y la calma que busco
cuando escribo, cuando en mí
me hallo, sola, yo, conmigo,
dame un contigo, una vida
conjunta junto a mí, cubramos
esa grieta de la mano y dámela,
cógeme fuerte y acógeme,
dame calma y mar, lame mis heridas,
dame una vida que sea nueva,
que aún no exista, dame esa sensación,
ese hormigueo en los brazos y lleno
en la boca del estómago, dame tu alma
y, con la mía, formar un hogar,
un mundo contiguo al que alabar.

No pido mucho, aunque sí lo parezca.
Dame una mirada que todo me dé.

LUZ

Luz, te escribo. Por mucho que tenue
seas, te escribo. El alba te llama
para que desvanezcas, para que tu rama
unas con la mía; que quien remueve
seas, y seas quien todo en mí renueve
y seas de mi historia nudo y trama
y amanecer que la luna declama.
Deja caer esa hoja silenciosa y leve,
levemente posada en mi calma,
grácil, en ese ayer desconocido
para hacer un mañana vencido
por las dos, por nuestra alma;
iluminado un haber habitado
que andaba lejos de ser equivocado.

VERDE

Un color familiar me ha acariciado
hoy. Resulta que la primavera veraba
a la vera del verde más verdadero
y en mí penetró y mis ojos cerró,
haciéndome sentir la brisa latir
y batir las aletas de mi nariz
y erizar el vello de mi piel expuesta
a tu sed violeta, a la sed escueta
de tu ver, acurrucada en pie a tu abrazo
y suave y firme roce.

Y es que seguiría a tu orilla toda la vida,
hablándote. Reclamándote. Aclamándote.
Sigamos hablando, aunque sea escribiendo;
que nuestras palabras no queden en el viento.

VAHO

Porque tu azul tiene una vida que nada más tiene
y, escribirte, intentar describirte, esfuerzo vago.
La serenidad de tu aliento paz solo me da,
un lleno tan pleno en tu ondear al unirse
tu horizonte con el mío, esa línea
que se confunde al fundirse el vaivén
con tu mirar y vista sincera.

¿Cómo no me voy a enamorar de ti
si tu caricia es todo lo que necesito?

Que tu espuma recorra mi piel por siempre
y tus accidentes dejen de ser casualidad
para ser permanentes en mi ver
y se mezcle el gris con tu verde
y mirada azulada.

Un débil vaho en el que escribo tu mirar y virar.

ARRULLAR

Si ya te echo en falta sin haberte ido,
sin haber marchado, ya siento nostalgia por ti.
Sin haber partido, siento esa morriña
por una tierra que no es la mía,
unos árboles que no conozco y una mar
que no me pertenece. Mi hogar cambia en mi ver
y es algo que jamás me había ocurrido.

Mi siento abrigada por su fría humedad,
por los versos que recorren mi sien al reconocerte.
Es un cambio de percibir que no comprendo,
solo prende la llama que en mí habita,
en unos montes que siento como propios,
en unas orillas que me arrullan en un llano
despertar ondulante y corriente, aunque de ello
nada tenga, por mucho que me sobreviva
su linde.

Y sí, sé que es real.

Un acogedor «No te vayas» que siento
en mis fauces, y estridentes mis dedos
se volvieron al necesitar ahora esta paz
que concuerda a la perfección con el ahora que hoy soy.

Con quien mañana seré.
Y así, para siempre.

TU RUMOR

El terminarte solo me sabe a inicio.
Sé que acabas, que es el final sin remedio.
Pero el final de un viaje solo indica
el comienzo del siguiente paso.
Y puede que el siguiente paso
no me lleve a tu orilla,
pero sé que me acercará a tu rumor,
a tu cálido y húmedo aroma
e imprevisible viento y humor.
Y es que aquí luce el dulce
manjar del viento atrapado
en las olas del mar.

Me voy, pero me voy con un nuevo hogar en mí.
Me voy sin querer irme. Me voy sabiendo que volveré.

ACÓGEME FUERTE

Ahora, a sabiendas, sí que tengo ganas
de volar. Pero no ganas, sino necesidad.
Mi alfeizar se me ha quedado estrecho
y no me ofrece las vistas que merezco,
aquellas que mi mirada anhela y desea,
una humedad más real y que a engaño
no incite. Que por ti rugen mis entrañas,
vibran al hacerse notar la cercanía
de tu beso, sellado, callado, silencioso
y estridente al impactar contra mi piel.

Y es que te estimo tanto… tanto,
que todo se me eterniza, te pienso
hasta en mis sueños y sueño con que
tus dedos me acarician y me erizan
el vello de mi cuerpo, suave y tan delicadamente…
que me aprietas fuerte contra ti
y que me echas en falta tanto como yo a ti.

COLOREANDO AL VIENTO

Aspira levemente el aire, todo olvido risueño,
idealizado, onírico; salta la distancia
inexistente entre nosotras, que somos una
aunque lo hayas olvidado, aunque en ti
ya no seamos y aunque no llegáramos
nunca a serlo, nuestras aves juntas
volaron agarradas y entrelazadas por el viento.

Y es que sigo sintiéndome contigo caminando
y flotando y viendo en mí tu marítima
mirada, cerrada y abierta, sonriendo ante la mar,
acariciándote el viento, abrazándome con cariño,
con las piernas recogidas contra tu vientre
pensando en todo y nada a la vez, y no ves,
no me ves. Que te veo y veo un todo.

Una vida y un mundo contigo.

Que mañana quiero recordarte, acordándome
de este momento en el que escribiéndote
estoy. Trasladarme a este bar y decirme
y decirte «Aquí te escribí y supe que mi vida
se iba a enlazar junto a ti y a tu orilla
y horizonte, a la vera de tu luna
del resonar que tu alma hace que a la mía
se acompase».

Y es que no sé qué nos depara…
no lo sé… y puede que jamás llegue
a saberlo y que el temor a perderte
me retenga de contarte todo lo que te quiero
decir.

Que adoro tu pelo coloreando al viento.

AMOR

Porque es a quien estaba predestinada
aunque costase su junco atardecer,
aunque no se supiera merecer,
con su varita le tocó un hada,
diciéndole que no estaba tan equivocada,
que aunque no se viera y aunque hacer
ni actuar pudiera y confundiera su entender
con la falta de entendimiento, cada
obstáculo fue impulso, y que recordara
que gracias a ella misma y a su fortaleza
llegó a donde hoy está, por mucho que demorara
a veces su vida y a veces la pausara,
siguió en sus trece por atravesar la maleza
y todo horror, con eterno amor e infinita destreza.

SI LAS PAREDES HABLARAN

¿Qué dirían tus paredes si me hablaran?
¿Te echarían en falta? ¿Te querrían
o te aborrecerían? Tus paredes han servido
de cobijo, de refugio y abrazo
cuando más frío sentías; también como barrera
y frontera y una forma de protegerte
contra todo lo que hay fuera.

A veces, hasta de lo bueno que venir
pudiera traer la vida. Una caverna
en la que viste la oscuridad
más cruel, pero también ver pasar la luz
y sentir cómo hacías avanzar tú ese flujo
dentro de ti y notar cómo llenaba de calor
tu interior cuando por costumbre cerrada
la mantenías.

Y, es que, si hablaran, dirían tantas cosas…
Testigos de inicios y finales,
de los orgasmos más potentes
y de los llantos más desoladores,
de vidas marcharse lejos de su morada
y de las bienvenidas más coloridas
acunadas en el mismo regazo
que su alma dio.

Entre estas cuatro paredes
te vi respirar y suspirar y aspirar
a todo aquello que tu imaginación esperaba,
albergaba. Cuatro paredes han cerrado
y han abierto mentes, cautivado
y hecho volar, soñar y hecho sonar
el sonajero que trajo la palabra «hogar»
a tu orilla. A la nuestra.

COMIENZO

Andrín

Nuevos comienzos, al amar unidos,
a una fragancia que calma y hace de nido,
a las huellas dejadas atrás al andar sumergido
y hacerse una con la mar, juntando latidos.

Aprendiendo los ritmos que dan años sufridos,
pasados, ya pasados. Esta alma es todo lo que pido,
la marea me dice que lo he merecido
y ganado a pulso tras dejar vencidos

todos aquellos males que asolaron
a solas. Y hablé conmigo, me escuché
hasta que mis miedos se apaciguaron,

me escuché hasta que llegué, y marché
de las seguridades falsas que me ataron;
y, así, al temor, de mi vida taché.

SIN PALABRAS

¿Y es que, qué decir? ¿Cómo escribirte?
Cómo describirte si las palabras cortas se quedan
al estar junto a tu horizonte y repiquetear
del viento y la marea contra tu firmeza
y el crear y creer en ti y en tu tumbado paisaje,
en tu verde y gris y azulado ver
y el rojo más acogedor, el negro más dulce
y el más cándido y rubio despertar.

Y al aire quedan vuestras voces, familiares
vuestras voluntades; y es que percibo en este aroma
hogar que me roba el alma. Y la verdad
que yo la dejo encantada y con el mayor placer
que unos surcos en constante viaje y divagar
me hicieron llegar. A mí.
A lo más profundo de mi ser.

CALOR CONGELADO

Y hoy ya no estarán mis huellas
en tu playa, ni los surcos que hicieron
tus dedos en mi piel. Hoy ya no están, no.

Tu aroma y respiración junto a mí ya no aceleran
mi latida, ni la calman, ni hacen que mi inhalar
se me entrecorte al sentirte cerca
de mi abrazo. Hoy ya no están, no.

Hoy el frío se burla de mí y tu brisa
no me trae, no me atrae nada ya
que no sea tu humedad y belleza y risa,
hoy ya no está tu vientre hinchándose
junto al mío, hoy ya no están tus alas
enlazándose con las mías, no, hoy ya no están.

No está tu cuerpo sirviendo de abrigo.
Ni refugio.
Ni mar.
Ni hogar.

AMIGA

Si tengo que ser algo en la vida, es yo misma.
Rodearme de personas que lo incentiven,
que reír me fuercen torrenciales carcajadas
y que surjan tan naturales como la lluvia
y sin previo aviso. Que potencien el bienestar
que me recorre al sentiros cerca y a mi son,
sonando silencio y caricias a la par,
tan solo la sutil melodía de nuestra respiración
entrelazada en un intrincado mar de abrazos,
sonrisas y puentes achatados, reduciendo la distancia
entre miradas afables de un corazón tan grande
que en un pecho tan solo, no cabe.

Que si tengo que verme de algo en la vida rodeada
que sea de vosotras, sacando lo mejor de mí.

CONCIERTO

Y es que el mundo y su concierto
se tornan de otro color estando tú en mi regazo,
estando tú entre mis brazos. Otra candidez
consigue la música que inunda nuestra respiración,
¿notas cómo se calma y acelera? El jugo
del juego, jugarnos la vida ahora es cosa
de cuerdas enlazadas, el lenguaje propio
de tu cuerpo, mirada y voz. Otra lengua
no quiero conocer ya que la tuya aprendiendo
y reconociendo la mía, y sentir cómo
nuestros idiomas se funden en uno solo,
en una fonética frenética, en una sed rítmica
que a nada espera, a nada espera excepto
a las dos, a nuestro irrefrenable paso,
al mar que nuestra sal dejó al fundirnos
juntas por inercia e instinto, sin más.

Y quedarme con las ganas de volver a ti.

Siempre.

COMO QUIERAS, LLÁMALO

Cómo explicarte. Te juro que, saberlo, me encantaría.
Querría saber cómo evitar cada mañana pensarte,
abrir los ojos y no ver esa sonrisa que es arte,
esa que la mar imita al saberse de ti vacía

y no bañarse en tu sal y volver a ti, ansía
hacerte volar, aunque solo baste con mirarte
a ti misma, ahí estaría dispuesta a recordarte
siempre tan tú, tan perfecta tu vía.

Y seguiría escribiendo. Te lo juro, pero no sé ya cómo,
solo sé que el cosmos por azar nos envió
y que ahora puedo pensarte y echarte en falta,
que la suerte con tu bravo oleaje me reunió
y unió a ti, queriendo. Lo noto. Si fuera como
por destino. Como quieras, llámalo. Un simple «surgió».

DESCANSO

Hacía tiempo que no me escribía
y que la verdad no me decía.
Hacía tiempo, imagino que tendría
alguna razón, alguna habría.
Necesitaba un descanso, oírme al fin,
escuchar el rumor del cansancio
que mi interior habitaba, recordar,
meditar y entender mejor mi mal,
aquel que me acechaba. Y ni sé
si lo entiendo aún, si aunque
se anuncie lo que sea nunca
se está preparada para la tormenta,
si entre capas y cabras se esconden
las palabras que no te dije. Un poema
sin fin para un inicio sin poesía.

PENSARTE

Y es que hay momentos que ojalá
durasen para siempre. De esos que cierras los ojos
y sientes una paz incomparable e incombustible,
de esos en los que piensas tanto que se para
el mundo y dejas la mente abierta a ella
sin ser siquiera consciente.

Y me querría extender, seguir escribiendo
del ayer, pero ahora… me estás viniendo
tan intensamente a la memoria, que no puedo,
está claro que no puedo concentrarme, ni sé si quiero.
Solo quiero pensarte y que con la fuerza
del deseo baste para notar tu simple caricia junto a mí.

FALTA

Por alguna razón llevo un mes en el que
me cuesta escribir. No sé si es que tendré
las emociones a flor de piel o qué será,
pero no me nace, no me sale.
Será el calor infernal del asfalto de Madrid
y la falta de asombro y mar y llanto.
Será la decepción ante la fallida expectativa
de llegar a mi hogar cuando creía
que allá ya estaría en este mismo instante,
ni verme rodeada del verde que tanto anhelo
y tanto echo en falta, y el tacto de la sal
que tu sien desprende al saberme cerca
y ser consciente de mi calma al vagar
en tu inmensidad.

Será que me quiero más en tus acogedores
brazos y el rumor de tu fragancia y respirar.

QUE DUELA

¡Qué liberador es escribir
y cuántas fronteras cruza!
Que duela, que signifique
que así sana, que supure el llanto
y la espina sea flor y el reguero
que esa amarga savia dejó en mí,
así que, que brote y desaparezca
y desvanezca el sopor que ya nada
aporta.

Ya no importa.

PIEZAS PERDIDAS

Las piezas que perdí las guardo aquí,
con el atardecer que tus ojos desprenden.
Piezas que son símbolo de concordia,
piezas que encajan, piezas que cuadran
y encuadran tu mirar, piezas que enlazan
y no sueltan ni dejan vagar a la deriva
y seguir saltando como piedras botando
sobre el estanque,
piezas que,
aunque se pierdan
vuelven, siempre vuelven, con los brazos
dispuestos a servir de refugio y casa.
Piezas que anudan y no atan,
que completan,
que unen y hacen de puente y enlace.

Piezas que son comienzo y empiezan
el final por mucho que cierren el puzle.

TE DIGO

Y aquí estoy. Recordando, te digo.
Acordándome de lo que sentía. O siento
por ti. Ya… no lo sé. Solo sé que siempre
te echo en falta cuando no estás,
que te pienso sin querer, que amordaza
tu mirada mi mente y solo me deja
verte a ti. No sé, ojalá supiera el sentido
de mi brillar estando cerca de tu proximidad.
Puede… y solo puede que sea la última
vez que te escriba. No lo prometo, pero puede
que tras estas perennes palabras dispuestas
a posta aletargadas, que quieren, o más bien
no quieren dejar de hablar de ti,
no vuelvan a surcar más folios en azul
gritando al surcar y murmurar tu blanco nombre.

HASTA QUE DEJE DE DOLER

Cómo hablarte cuando ya no queda nada por decir,
cuando ya está todo dicho. Volver a la misma historia.
Puede que todo sea invención de mi sensible ver,
que no te has ido, que no has marchado ni ha partido
la familiaridad de nuestro haber. El hoy me grita
diciendo «adiós», y no me resisto al dolor que deja
tu ausencia.

Ausencia, ausencia es lo que mejor describe
tu falta. A lo mejor es que simplemente eras más para mí
de lo que yo era para ti, o que creas que vengo sin más,
sin cuidarme. A lo mejor es que ya no te hago falta,
que no me necesitas más y simplemente preferiste alejarte
y ni la mitad de tu tiempo permanezca en pensarme.
A lo mejor nunca fui para ti. Sin más.

Puede que estas últimas líneas que te dedico vuelvas
a no leerlas nunca y que ya todo lo que tenía
que decir está dicho, ni nada queda guardado,
queda enterrado el deseo de querer que vuelvas.
Queda en tu mano el recuperar lo sembrado.

DE VERAS

Qué decirte ya en tu otoñal decaer.
¿Qué decirte? Qué aclamar, si reclamo
ya no hay, no existe. Al menos el tuyo.
Desapareció, sin más. Como siempre, pasa,
y pasa el tiempo y respuesta ajena obtengo.
¡Que marche este marzo meridional! Que deje
la escarcha que no merecía en esta tarde fría
pútridamente bella por este *solarbolado* atardecer.
¿No puedes ser simple azul y que así abrigues
mi sentir? Que cuadre mi ánimo con tu olor,
que tu color sea el que busco y que el musgo
me arrope en su cálido canto y aliento caduco,
que arrulles junto a mí el resto de mis días
y no desvanezcas tu mirar de mi vera,
que tu gesto no desvanezca y se acurruque
junto a mi estela; que no se pudra el junco
arraigado a nuestra orilla y no tache
toda alma recorrida y no sea un cisne
final ni corvo calmar de un mar
que vacío al secarse quedó. Y ya no leo
tus ojos, imagino que los iré olvidando;
ahora solo queda dolor y la falta de tu llamar,
una chispa que dejó de prender la llama
y el caer de las flores del otoño que antaño
fue. Mas ahí quedó. En el ayer.

No sé, ahora sí creo de veras que no me llegarás
a leer, de veras que lo tengo por seguro.
Como la tinta que erosiona esta piel.
Dejando una marca que, de veras, herirá al papel.

UN AÑO DE DISTANCIA

Parece ser que un año de distancia enlazó
el destino que nos deparaba. En el mismo sitio,
mas en distinto lugar. Tu musicalidad
ya no es, ya no existe. O eso aparenta
al menos este insufrible rumiar. Lo que más quema
es la indiferencia que nacerá de este dolor,
el sufrimiento caerá y nada quedará, ni la corteza
de pieles abrazadas ni el aliento que risas
regalaron, ni paz, ni tu haz al mirar
con ternura el acariciar de tu luminosidad.
Nada. Nada quedará y eso es lo que más me apena.
No saber más de ti en este eterno anochecer.

NADA MÁS QUEDÓ

Nada más quedó de ti que tu canción
favorita y la historia que sobre ella
me contaste. Nada más. Ni el arcoíris
que prometías que era ese sentimiento,
ni la confianza que daban tus palabras.
Ni llegué a conocer tus ojos,
y no sé si preferiría haberlos presentado
a los míos; al menos tendría
el recuerdo de la luz que deberían haber
transmitido. ¿No podría ser todo más simple
y encontrarse con la casualidad
en la tormenta y los rayos con el sol?
Ojalá tu radiancia se asomara por mis pestañas
como soñé y no fuera ilusión llana
la línea que hubiera marcado la sonrisa.

SOLO LLORAR

Y hoy solo quiero llorar, nada más
hace falta. Por mucho que haya
motivos, quiero llorar, sin más, solo
porque puedo y porque sí. Déjame tranquila
y… o acompáñame a este cantado jardín
donde nos encontramos por primera vez,
donde te soñé abrazada calmando
tus miedos y los míos.
no me dejes ir,
te lo pido,
te lo ruego.

DESCARNADA

Veo ante mí una frontera sin fin,
de líneas difusas y cambiantes;
un horizonte lineal escarpado
por la humedad que rezuman sus poros
y la fragancia que me atrae a su aliento,
a su mirada descarnada gris-rojiza
y deslumbra impasible, inalterable a mi devenir.

NORTE

Con la mar al fin en mi horizonte,
oyendo tu rubor y dulce clamor; nada
mejor hay que poder estar aquí
contemplándote, sintiendo tu fría
risa y tu brava calma.
Verte deslizar por la arena, mi pasión;
humedecer mis dedos, mis ojos
enmudecer al ver el escalado de tu color.
Y no saber a dónde mirar.
A un lado veo ir el día,
al otro la inmensidad del mundo
que tanta paz otorga. Al norte,
ven al norte y quédate conmigo,
que me completa tu amar y descanso,
que aquí la ansiedad no me destruye
ni me asedia, solo escapa de mis manos
y me siento acompañada aun estando sola.
Necesitaba venir a casa para regenerarme
y borrar heridas, ver el grisazulvioletaverde
de este paisaje. Tu asalmonado trinar reflejado
en esta bola de cristal. Y es que escribir
es aquí más natural, es un inhalar
que el instinto guía, que dicta a esta
línea a torcer y a seguir adelante
mientras tu bramido me sobrecoge,
me impulsa a seguir describiendo tu estallido

repentino, y es que abruma tu sonido
estremecedor, golpeando el mundo cual latido,
constante, arrítmico e impasible
y ver el viento decaer para no volver
y saber que irme de tu costado
no hará que de tu sal me desprenda
ni de tu carmesí despedida surcando
el cielo. Solo quiero que sin celo
te conserves para siempre en mi memoria.
Este momento, este preciso instante
y que para siempre tu susurro la piel me erice.
Venir al norte para encontrarme conmigo.

A TU COSTADO

Acariciando el agua, acariciando sus costados
sin saber su miramiento, sin saber que ella
me mima a mí, me mira y murmura,
me silba y arropa, en su marea destapa
mentiras que los secretos cuentan
y acrecenta el candor que siento
junto a ella. Que soy yo, somos una,
y de tu costa jamás quiso separarse mi costa,
y es que mi orilla pertenece a tu costado,
al verde con el que tu cariño acaricia,
y siento que tu camino clama el sindestino
de este ensordecedor bramido que acoge
y abruma con su bruma entre mis brazos,
y mis dedos sienten de nuevo tu cosquilleo
entre tu arena y césped y roca y salto al vacío.

A LA MAR

Amar, llévame a la mar, al rompealmas
que su arrullo me eleva, al tiento que expira
al impactar contra mi frontera, al suspiro
del tronar del alma, del brotar del andar
por sus notas, las motas de rubor en su sombra
ausente de un sol anonadado, acomodado
tras la alfombra de su costado.

Y la broca a la sal atada, ahondando
a la sierra y a la madera de su sierpe
que siempre mata lo atado al rato ensimismado.
Corre a ver el culmen que es contemplar
tu costal y ahínco de codos aislados
y tercas voces que a la orca inspira,
y al castro, a sentarse, relajados, a comillas
de la paz y curvo y lineal descanso.

Y, simplemente, déjame enfrentada al silente
bramido y silbante y acogedor frío del mar,
de la mar, que las olas me acogen al horizonte,
frente al infinito horizonte seco de su runa y uña.

PIEL PERLADA

Tu clara noche me murmura
un aroma que ya no recordaba,
un suspiro cuyo tacto siento,
lo noto acercarse a mi costado,
a la orilla del horizonte
que mis pestañas crean
al fundirse con tu mirada
reflejada de sal empapada
tu piel perlada. Abrazada
por tu humedad todo marcha.
Solo pido no hacerlo yo.

PENA SIN NOMBRE

Una pena sin nombre me asola
sabiendo de mi marcha esta mañana
misma. No quiero dejar tu orilla,
por favor, no me dejes partir
que me siento más segura
arropada por tu rocío y aliento.
No, no me quiero ir de tu lado,
ráptame y no me dejes separarme
de ti y no me dejes separarme
de ti, que arrimarme solo quiero
más y más a ti. Que volver
no quiero, porque habrá significado
que me fui, y no, no quiero,
que junto a la mar me siento en casa
y aunque el hogar se lleve siempre
dentro, de ella no me quiero desprender.

AMARGO AMAR

De vuelta al hogar, el amargo amar
que tus pasos dictaron en esta morada
fría de azules calles, tan dulces
y cálidas como este otoño
supo hacerme ver al decirme adiós.

NO TE VAYAS

Tengo tu «No te vayas» aún presente
en mí junto al aroma de tu abrazo
y tus manos cargadas del cariño
de tu mirar con el que acaricia
la musicalidad de tu respirar
en un verso latente que marca
la prosodia de este latir
que me habla y susurra al oído
la vibración de tu cercanía,
porque serte sincera no es suficiente
para expresar la calidez de tu aliento.
Aliada y amiga, amarilla almohada
reflejada en el ansia de no
permitir que el mundo
nos deje soltarnos.
Y es que tu guante perdió tu olor,
pero no tu tacto. Me imagino unida a tu mano,
al roce de unos dedos que con tanto mimo
y cariño me ven y deletrean
por mi cuello ese idioma piano y silencioso
tecleando con dulzura mi rubor
y su estremecedora excitación.
Y juro que no aguanto el mirar de tu sonrisa.
Pero es que es tan adictiva… tan sincera,
tan real que no puedo dejar

de contemplarla, aunque me vuelque el cuerpo
entero en ese instante y en este que te pienso
y juro que te veo mientras te escribo

estas   mismas   líneas.

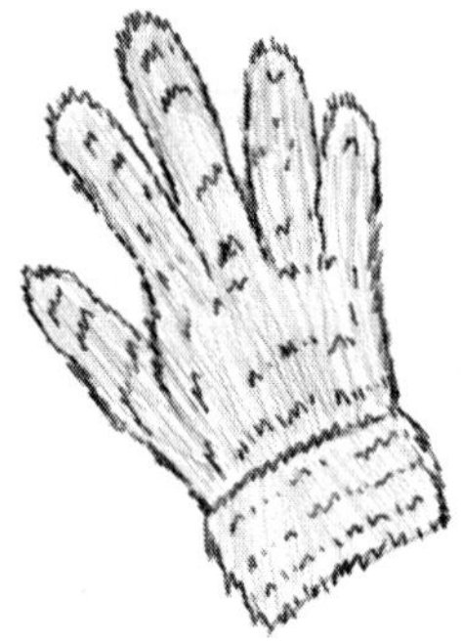

NADA

Nada, río, nada. Nada tengo
que contar a tu orilla, a la verdad
puedo clamar tan solo, y sola tu nube
y estrella refleja el sinmotivo
de estarte escribiendo. Solo la tierra
ahogada sabe el porqué; yo, no,
yo qué voy a saber si ahora solo veo
el gris azulado de tu viento
y el calor difuminado de la noche de Madrid;
entre luces y quienes las viven
y hacen hogar. Quienes conforman la vida
en un febrero cualquiera en esta ciudad.

MUERTE REVIVIDA

Muerte, que revives en esta primavera,
entre las moreras en este morado poema
haciendo rebrotar con tu melodía
las ansias del río, su frío y guía
de la línea que tardó por la luna,
su luz propia en la abertura de cuna
y su llanto y la flor, qué linda
al abrirse y arriesgarse sucinta
y sujeta, fuerte, bien arraigada,
profunda, raíz bien trazada
y sanadora, siempre soñadora
resuena un rocío que enamora
una nana cantada con nostalgia
que me deja embriagada con su magia.

IDA

Hoy he vuelto a los refugios que fueron
y han sido siempre hogar. Al árbol
en el que mil veces me apoyé,
en el que otras mil escribí, aquel
que dibujé con las palabras que callé.
He vuelto a ver ese lugar de atardecer
eterno, donde lloré cuando no
sabía, donde tracé las palabras que vieron
nacer al sepulturero de mi ayer, donde caer
para creer y volver a reencontrarse,
donde respirar, observarse y mirar adentro
viendo marchar un día más, un día menos,
pero siempre importante, aunque desvanezca
y no lo parezca algo dice siempre el susurro
de la vida de lo frecuente, de lo atípico.
Que aunque marche nunca vine para desaparecer.

NEGRO

Hoy me veo a tu vera, aquí,
admirando tu sentir junto a las jaras
de esta ciudad, viendo mamuts mástiles
arrollar. Átame y déjame escucharte
una última vez tu melodía
y me devuelva el gris de tu mar.
¿Dónde está nuestra despedida?
Dime dónde y voy a verte,
a la profundidad del magma
y a la arena que nos hizo enloquecer.
Porque el verde de tu mirar se sumerge
dentro, muy adentro de mí y me llena
como nunca nada y todo.

Y todo.

Todo, contigo.

REFUGIADA

Solo sé que me siento refugiada
en el susurro del viento y en el sonido
de las gotas de lluvia al repiquetear
sobre las hojas de este castaño.

Solo sé que no quiero volver
al ruido y asfalto de esta asfixiante
ciudad. Me ahoga su calor.

Solo quiero ver el verde del mar,
el ocre de la hierba al circundar
el rojo precipicio al chocar el gris
del ondear que me mece y calma.

Y lo quiero. Así lo quiero.

Y me quiero lo suficiente
para dejar delante de mí aquello
que me sana. No te espero.

Estoy ya conmigo.

RETRATO

Paseándote. Retratándote. Un caminante
descansando en el profundo azul de tu mirar,
en el incesante aleteo de tu viento que ondea
mi orilla al golpear tus dedos contra mí.
Qué maravilloso resplandecer el impactar
de tu luz hacia la blanca roca tronante,
hacia el silvestre césped que de ser libre alardea
pero pisado queda atrás; atrás en mi existir.
Detente. Para. Frena y admira el azar
brillante que surge ante ti y no pienses en partir
antes de tiempo, que el segundo farsante
escapa a la primera vuelta de quien lo vea.
Solo quiero que dure para siempre tu marea
en mí y me dé los años perdidos en mi faz,
tu brisa, sin prisa, tu casual pasión vibrante
y cambiante y fugaz radiante. Verme feliz al fin.

LAZO DE VIENTO

Entre montañas y sus recodos
mis piernas encontraron su descanso;
un lazo de viento recorriendo mi vientre
entre espigas y espinas empecinadas
en volar lejos de la tierra que las ata,
lejos del bravo bramar que hace el rocío
de tu verde silueta y azules las raíces
al despertar del sueño que es el bombeo
de tu exhalar. Y sopla la ráfaga
lento y fuerte contra mí y mi espalda
por mucho que esté oculta a tu brisa.
¡Que los vendavales del tiempo sacudan
mi seguridad inexpugnable! ¡Que historias
recorran los robles de mano en amo y ramas
sean remanso de lagartos que no aprendieron
a volar! Que si te siento no miento
al cantártelo, que solo corta tu luz
cuando me atraviesa con tamaña facilidad.
Que no termine nunca el poema
que vida dio a esta arena y a la persona
de piedra que el río erosionó haciéndola
sentir de nuevo.

NUDO

Cómo explicarte el nudo que tengo
aquí conmigo en el vientre, dime cómo
y yo lo hago, porque ahora mismo
sola yo no sé. Necesito de nuevo
tu aliento y el roce estremecedor
de tu piel con mi piel y la caricia
de tu mirada y sonrisa rogándome
que me quede para siempre.
Siéndote sincera, no sé qué más he vivido
hoy, porque ahora mismo solo tengo tus ojos
tocándome con dulzura y picardía
grabados en mi retina y mi estómago
en un puño y la piel erizada al recordarlos
a la altura de los míos.

Y quiero seguirte recordando, escribiendo,
conociendo. No dejar de hacerlo nunca.
Así te siento.

VIBRACIÓN

Y es que hablar de nada contigo
es hablar de todo. Es sumergirse
en el reloj y desmontar sus manecillas
mientras tu prosodia dibuja paisajes
ante mí. Tan solo el simple vibrar
de tu voz hace temblar a mis oídos,
estremecer mis sentidos. Y siento
a estas alturas tras haberte llamado
tan solo una vez que eres
el lugar donde me quiero quedar
a vivir. En tu pecho y sonrisa.

ESPEJO

No hay más que decir. Hay cosas
que se saben con tan solo mirar.
Con tan solo verse reflejada en el espejo
con el que me ves y me veo. Y te veo.
Y juro que en ese candor quiero
quedarme a vivir acurrucada en tu abrazo.
Sentir tu latido golpeándome por dentro
acompasado conmigo en el mismo inhalar.
Excitarme con tan solo pensarte,
con tan solo pensar en tu horizonte.
Cómo se me encoge el estómago,
si es que necesito pararme y respirar
profundo para no distraerme y que mi mente
solo te tenga presente a ti. Y es que quiero
que seas presente en mi futuro.

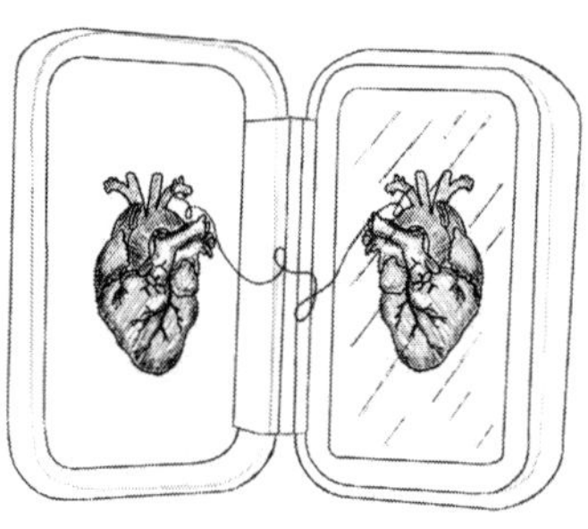

ENLAZADAS

Y es que, si sentir es esto, quiero
hacerlo siempre contigo. Que me susurres
al oído y me muerdas hasta dejar
tu huella y gimas junto a mí
y me cojas fuerte mientras agarro
tu pelo. Sentirme viva al estremecerme
con tu simple caricia y el aroma
de tu inhalar. No esperar nada y acabar
tu piel unida a mi piel y el roce
que nos hace exhalar fuerte a las dos
latiendo fuerte y aceleradas al unísono,
el sonido de dos bocas entrelazándose
en la intimidad como gritando al mundo
que las oigan y las vean bailar
ese vals de valles marcados, agitados
por el vendaval embravecido de tu cuerpo
unido al mío, por el mordisco
y su desgarradora presión, presa
de tu aliento, lento, fuerte en mi oído.
Cógeme, abrázame y cógeme sonriente
entre risa y prisa y la calma por
inhalar el momento; y aráñame, joder,
sigue arrastrando tu lengua por mí
dibujando el camino a la mar
y atraviésame con tu ola más rompedora
y párteme en mil pedazos y todo esquema

que pudiera tener. Sintámonos dentro,
respaldadas la una a la otra como fruto
del calor desprendido al rozar tu piel
contra la mía. Enlazadas, no enfrentadas,
por mucho que quiera tenerte siempre
en mi horizonte al despertar la noche
y al ir dormir el día.

DÉJAME VOLAR

¿Dónde estás, planeador?
¿En el filo del ayer surcando mares,
o dónde si no? Dime dónde y te busco
al otear el cielo al verse mecidas por el viento
las verdes espigas que con tanta ternura
mecen al mundo. Ondead mientras os admiro,
¡cómo no hacerlo! Cómo no hacerlo,
si tu brillo ilumina hasta al más escondido
rincón en este océano resplandeciente
que creas al sobrevolar mi horizonte;
si es que tu iluminadora sombra
es el cobijo que siempre merecí.
Un resguardo, un refugio fruto de tu abrazo
y calidez con la que tu manto
me sobrecoge y acoge entre tus alas.
Cuéntame al despertar que la novedad
es permanente, que no es invisible
tu plumaje y me cubre y agarra
fuerte. Dímelo sin decirlo, solo
con tu mirada; solo con tus ojos
lo veo, y veo esa ternura infinita
reflejada en este dulce sabor de amanecer
con el sonido de tu volar
al marcar con tu estela el acantilado
y salto al vacío con la seguridad
que estarás tú para recogerme sin siquiera

rozar la arena para acariciarla juntas
al juntar nuestros cuerpos al sol,
dando color a su atardecer y al plateado
camino creado al rozarlo con las yemas
de nuestros dedos al enlazarse
con el viento al hacerlo desaparecer
en la frontera entre el agua y la tierra,
una orilla y alma unida a la luz
de este nuevo e imprescindible firmamento.
Y solo sé que la luz del mar
lleva tu nombre y que la llevaba
buscando y admirando años sin saberlo.
Y resulta que tras todo este tiempo
casi, casi, te tenía al lado.
Y me volvería a perder mil veces
por volverme a encontrar en tu mirada.

Como hoy.
Como mañana.
Como ahora.

COSTUMBRE

No te haces una idea
de lo que me he acostumbrado
a ver tu espalda,
tus ojitos entornados
al despertar cada mañana.
No te haces una idea.
Y que sea tu primera luz al verme
y sonreírle al mundo como
si solo existiéramos nosotras
en ese instante; y es que
en ese instante sonríen
no solo tus labios, sino tú entera.
Tus ojos y esas bellas líneas
que de ellos emergen.

JÚPITER

Un amor astral, el más grande de todos.
Un valor sin nombre que todo corazón
llenó acariciando con su candor
las garras del más suave cariño
espacial que podría cualquier niño
merecer. Años compartidos en un sueño
que diste sin más, de todos modos
sin pensar. Pero es que el amar
se siente, y el amor infinito de tu orbitar
seguirá haciendo girar el universo
que creaste junto a tu brillante mar,
a la orilla de un beso, del verso
castaño del prado más verde
al mirar que en la noche alzarás al verte.

Y hoy has vuelto al hogar
que te pertenecía por derecho
entre las estrellas que te vieron nacer,
dejando la fortuna de tu ronronear
en quien tuvo la suerte de tenerte cerca.

EL INFINITO DE TU MIRAR

Dame paz y dame guerra,
que resuene tu oleaje en mí
y vuele el alma misma en sí
y retumbe el arrullar de la sierra
cuando arrolla el mar a la tierra.
Cómo voy a dejar de escribir
tejiéndote, teniéndote en frente a ti,
mareándome sin malestar. Y no yerra
el ansia por tu aroma, por la rama
enredada al infinito de tu mirar.
Y aunque no vea jara en tu llama
mi amar ama tu costal y costillar.
Tu agitada calma me da un hogar
que lame las heridas que laten en mi cama.

LLÉVAME

Y solo oír el viento.
Y solo ver el mar mecido.
Qué pequeñita me siento
ante este abismo.
Qué pequeñita me siento,
y qué pequeño parece todo.
Prácticamente todo aquí
pierde su grandeza e importancia.
Todo problema y preocupación
aquí empequeñece, se hace
chiquitito, nimio.
Ante esta inmensidad,
normal que todo atrás
quede y pierda su peso;
normal que me sienta
liberada ante el viento.

Llévame, llévate todo mal,
viento, cúrame lejos y arrastra
las cenizas del pasado
y aléjalas de mí,
hazme olvidar aquella ansiedad
que tanto me afligió,
que tanto me ató a no ver
más allá de mi propia

coraza. Y el viento
se hizo brisa y calma
en este hondo vacío
lleno del fuego que habita
ahora calmado en mí.

MAR BRILLANTE

Una puerta hacia el azul brillante
de tu mar. Una puerta que me lleve
al resplandor, hacia el recuerdo me eleve
a la imagen más preciada, al talante

de tus labios al verme aquí delante.
Que mi huella sea perenne pero leve
en tu arena, en tu alma cuando bebe
las veintidós formas de entender tu arte.

Una puerta que entienda tu color,
que forme el firmamento que me atrajo
a tu horizonte, a la línea que al corazón

hace que tiemble y retumbe. Y relajo
solo siento al contemplarte en mi sudor,
en el canto que paz a mi orilla solo trajo.

A LA PAR

Y es que cada mañana que me dices
que no me vaya, me cuesta mucho más
irme, despedirme, de tu espalda, de tu respirar
e inhalar y cariño con el que tus manos
me miran, miman y reconocen. Y yo,
sola aquí, oliendo a tu recuerdo, a ti,
al néctar de tus labios abriéndose el cielo
al acercarse la cara oculta de la luna.
Y es que ya no quiero escribirte más
si eso significa que no estoy junto a ti,
añorándote, y mi piel echando en falta
tu tacto y magia profunda, edénica
y serpenteante reptando sobre y por y para mí.
Pero, sobre todo, por. Porque nos quiero más
cada día y atardecer que pasa.

Juntas.

Nuestras miradas.

La una
a la par
de las dos.

CONCHAS PARTIDAS

Tu amar me trajo al mundo.
Tu latido, las conchas partidas
que tu espalda decoran y mosaico
hacen de tus piernas. Despierta
al renacer del tibio frescor de la arena
de tu humedad rodeada, deslizada
a tu son y todo mal difumina.

Que su sal me lama las heridas.
Que las huellas del mar borren
toda pisada que lastre dejara toda ausencia.

Aquí todo es paz.
Aquí todo es (c)alma.

QUE ME CUESTE

Que me cueste. Y es que cada vez más
me cuesta despedirme de tu sonrisa
cada mañana. Esa que pones al besar
tu mejilla justo antes de irme.
Y es que tu sonrisa ilumina, de verdad,
es una realidad que al espejo amedrenta
por no conseguir reflejar tu luminosidad.
Unos ojos con tal sinceridad que la mar envidia.

Que me cueste. Que me cueste marchar
del refugio que supone el calor de tu espalda,
del color de hogar del amanecer de tu mirar,
y es que cuántas veces me lo habré perdido
y sin querer. Y es que acurrucada a tu par
me querría quedar a vivir siempre. Digo, cada día,
recorrer todos tus lunares mientras al son de tu inhalar
bailo, admirando la compleja sencillez que te completa,
que te hace ser tú, tan tú, que haces virar
vientos con tu voz al elevarme con la caricia
que supone la melodía que surge sin más
nacida de tu vientre, de la risa que hace trizas
toda tristeza, todo mal, contigo termina todo pesar
y carga. Y es que… eres tiempo. Tiempo
inmutable, y pasas como el río, con seguridad
a través de mi corriente. Y es que ya éramos

ríos nosotras solas, amor, tormenta y calma, la lluvia que la tierra hace renacer. Flores que se hicieron brotar.

La una a la otra.

MEMORIA

Que no quiero aprenderte de memoria,
quiero leerte y disfrutarte, sin presiones
atravesar cada palabra, cada letra,
cada nota que tu voz imprime
en mi superficie y hace que acaricie
cada recoveco que me recorre el alma.

Que la vida son esos tres minutos
de canción, si quieres, esa calma que me da
saberte cerca simplemente arropada
en tu sonido. ¿Lo notas?
Es el recuerdo, amor, que gana
esta infinita partida.

LIRIO RETADOR

Lirio de este frenético día,
¿qué habrá sido de ti? Si siento,
te siento cerca y te veo floreciente,
retador a la tormenta y su alegría.
Me veo libre, libre en tu horizonte,
sumergida en él, atrapada
en la libertad que me da tu volar,
en tus alas al firmamento ancladas,
en el verde de tu iluminar sempiterno,
en el andar que supone navegar contracorriente
como si se tratara de dejarse llevar,
y es que suena bien, ¿no? Que difícil
sea solo un reto y no una traba a tu lado.

NADA MÁS QUE APORTAR

Tengo mucho ruido en mi mente y me cuesta
conciliar el sueño. No sueño. Me siento
atorada, estancada, sin rumbo, ni propósito.
Perdida, sin ganas. Desapasionada, desencantada,
sin fuerzas, sin ganas. Dos veces. Y tres
y cuarenta veces. Desmerecida en mi vida.
Enraizada a esta pútrida costumbre llana
de aparejos solitarios. Y solo siento frío
y soledad, desnudez ante el desapego
de mi cariño desenlazado del tuyo.

Y solo nada.

Y sola, y nada.

Nada más que aportar.

CERCA Y LEJOS. LEJOS Y CERCA

Pensarte duele demasiado. Y es que cada canción
habla de ti. De nosotras. Hoy es martes
y aún no asimilo que ya no formes parte de mí.
Te quiero, y me hiere no saber de ti.
Sé que decirnos adiós ahora era necesario,
que no nos hacíamos bien, y que nos íbamos
a terminar odiando… pero duele tanto
esta despedida… sé que nos volveremos a ver,
lo sé; pero duele tanto… duele tanto
no verme inundada por tu mirada,
atrapada por tu sonrisa y abrazada
por tu aliento… abrigada por tus manos
que deshacían todo mal… solo quiero aprender
a querernos bien y que este tiempo
separadas solo haga que nos reunamos
con más fuerza como imanes unidos
sin remedio por sus polos opuestos.

Y rendirme en tu regazo por siempre.

No quiero nada más que sentir tu latido
el resto de mis días, lo prometo.
Nada más que el calor de tu fuego
apagando esta desazón que ahora abruma.

Nos vemos pronto, amor.

No podría estar mucho alejada de ese mar brillante.

EL OLVIDO Y EL ARTE

Y es que el reto, la afrenta más difícil
que he tenido que afrontar ha sido
intentar juntar al olvido y al arte.
¿Quieres una pista? No lo he conseguido.
Juntarlos me fue imposible porque estabas
tú en medio interrumpiendo el firmamento
con tu oleaje, creando un mar que me fue
imposible secar.

Y es que cómo olvidar tu vista, el brillo
de tu mirar, cómo no anhelar tu inhalar
y tu tacto recorriendo mi piel.

Que mis heridas se abran por ti
y que vuelvan a fluir y que limpien
las asperezas del ayer, los traumas
que marcaron, es que se los lleva tu marca.

Y es que tu sal limpia y sana
y recubre de arena este mosaico que fui
y me cubre cálida su suave aspereza.

Y es que la espuma del mar siempre vuelve
a la orilla, amor, y ya por simple atracción
teníamos que enlazarnos de nuevo.

Como una brasa que resiste a perder su fuego.

IMAGINO

Imagino que el amor no todo lo puede.
Que a veces hiere por mucho que no se quiera,
que dos miradas anudadas no hacen
que se enlacen su alma y emoción.
Y hasta su tacto a veces las separa
y su sonrisa resquebraja en dos
y nace el llanto por una nueva despedida.

Imagino que fuimos un abrazo impar
destinado a desmenuzarse, a callar
las heridas del ayer. Que fuimos,
algo más que amigas jugando a quererse
sin saber que el rincón que esconde
el amor nace de la complicidad, empatía
y comprensión. Y eso es algo que faltó.

Imagino que nos distanció esa zanja
inicial y no la conseguimos sortear;
que fue demasiado profunda para que fuera
suficiente besar la corriente que separaba
nuestras orillas. Y el entendimiento
mintió y se convirtió en la peor versión
de la felicidad. La negación de la realidad.

Por querer, no quiero llegar a nada
con estas palabras, ni a ti, ni a mí,
solo reconciliarme con mi verso.

Imaginar sentirme cerca y que se encuentren
en su punto esa ficción futura con mi deshora.

DICIEMBRE

Verdugo otoñal. Al final tus sombras pudieron
más que tu brillar y te impidieron ver
más allá del lastre que arrastras.

Me siento rota, el alma rota, corazón
roto. Ahora sí que lo siento, porque el fin
está aquí, llegó, y nada lo puede frenar.

Las hojas han caído y el viento se las ha llevado
y se ha instalado un cálido frío que han dejado
todas tus ausencias al ir a tu rosal de narcisos.

No tengo ya miedo a soltar, así que adiós,
no quedan más que cenizas de lo que sentí
en mi recuerdo, esas que dejaste consumir.

Al final tu sal secó todo lo que nos quedaba
y solo queda un entorno desolado de lo que fue
nuestra playa. Ni agua. Ni tierra. Ni fuego.

Ya no existe.

Ya no existimos.

Solo existe un ayer que ya no volverá.

ROSAL DE NARCISOS

Simplemente te bajé del pedestal
en el que te tenía. Te tomé por algo
que, de tener algo, sentido no tenía,
de valentía carecía. Valor de apostar,
si acaso, por la osadía que te mantenía
alejada de mí. Te queda ahora un precioso
jardín inexpugnable, siquiera al alcance
de tu trastabillada enredadera dañina de narcisos;
y absorbieron todo lo que pudieron
de la tierra que les daba vida hasta agotarla
e irse con su flor a otra parte, aterrizar
en otras vegas en las que apostar su tallo
de alambre rígido e inflexible y clavar
su bello espejismo en otros ojos
que los pudieran admirar, pero sin tocar,
que no avisan, pero cuidado, que cortan,
dañan sin premeditarlo por naturaleza
propia e inercia, porque verlo de fuera atrae,
pero caminar por sus espinas sin daño
es como avanzar por la arena en verano
sin quemarse la planta de los pies.

Algo inevitable.

Ahora veo que tu orilla
no trajo más que tus miedos no resueltos
y los cargas sobre quien tengas más cerca.

Y aprendí de ti, sí.
Pero de mí.
No de ti.

Aprendí mi valor y a ver dónde no es,
a no forzar un abono que no da fruto,
a ver antes las malas hierbas y arrancarlas
y no dejar que inmovilice su silvestre belleza.

Al menos sirves de recuerdo al que acudir
cuando quiera redescubrir los lugares
que fueron para reinventarlos.
Lugares que jamás conocerás porque sé
que eres incapaz de revisitar tu daño y felicidad.

Ahora sé que realmente no llegaste a conocerme,
no fuiste capaz de hacerlo. Y, ¿cómo?
¿Cómo, si solo existe para ti este inmutable jardín
que tanto has cultivado con aparente asertividad,
que, en realidad, no era más que falta de empatía,
incapacidad para sentir lo que siente quien en frente
tienes? ¿Cómo, si tu jardín es tan solo para ti?

Y es que solo existías tú.

Y tú sin mí. Y no lo siento, no.
No siento que me dejaras marchar.
Ni siento, tampoco, el no haberme despedido
de tu perfecto rosal de narcisos.

PARTIDA

Y se acabó, ya llegó el principio.
El inicio de una vida sin ti. Yo, conmigo,
aun esperando tu llegada, sé que es
el último adiós que voy a dedicarte.

Ya está, no hay más en mí para ti,
no es un hasta luego, no, perdí el poema,
dejó de tener sentido y coherencia conmigo
tu falta de mimo y cuidado. Hoy te lloro
por última vez y nada quedará
cuando este río se seque por completo.
Cuando caiga la última gota y letra,
dejaré de esperar ese último acto de amor
por tu parte y ahí quedará nuestra historia,
hecha y en el pasado, en un ayer
que jamás volverá a ser, y este ayer
se irá con el fruto de tu fortuito apego.
Cae el telón de forma inevitable, y este mar
se apaga con el nublado azul de tu recuerdo.

TORMENTA

Después de la tormenta, la pausa.
Después de la calma, la tormenta.
Y así siempre en un ciclo que alimenta
el sinfín de mi sentir y su causa
prematura, al no percibir su casa
cerca, ni el mar ni su corriente que alienta
a quedarse aquí quieta. Y que sienta
como sienta, siempre yo en mí. Y pasa,
y pasa que no quiero dejar de hacerlo.
Amo lo que soy, el quién y el cómo,
amo quien siempre fui, aunque no lo viera,
y aunque en mi propio pozo me perdiera
terminé el libro hasta el siguiente tomo
comenzar. Y cegarme siempre para poder verlo.

EMPEZAR

Empezar. Te diría que nunca supe.
Ni el cómo. Ni el cuándo. Ni el porqué.
Solo te vi terminar. Y ni siquiera.
Y, aunque quisiera, no podría.
Solo un inicio y punto sin claudicar,
abierto y en coma y en canal que nada aporta,
un viento confuso que sufre y va
y viene, pero ven, que todo vuelve
aunque no sea como prefiriera.
Como debería haber perdurado el poema.

AUNQUE ME COSTARA

Aunque me costara, siempre fui lo que ves,
aunque a mí me costara verlo, verme
y admirarme por quien soy, su tiempo me llevó.
Siempre fui como me miro ahora en el espejo,
un reflejo de todas las sonrisas que me negué;
ahora lo que sobra, cayó, o calló por su propia levedad
y peso y el roce del tacto de mi amargura
y el mar que es mi amar vino a sanar
y a sellar las cicatrices que ayer dejé huir.

Una historia grabada a fuego en forma de victoria
quedó clavada en mi memoria como olvido
del recuerdo que siempre, siempre, quiso ver.

A LA LUZ DE LA LUNA

Cuando el espacio entre poesía y realidad
se difumina.

Cuando los colores sienten lo que los ojos
no escuchan
por su propia y osada iridiscencia.

La calma ha vuelto a mí de forma inusitada,
una paz que no recordaba, que olvidé enterrada
en mí, encerrada en mi encerado bote,
en el que más que ir a flote, me sentía
sola a la deriva, cuando siempre, siempre,
estuve en tierra.

Cierra la ventana, que el viento escapa
y el tiempo escarba de nuevo
en mí.

Solo quiero acariciarte este preciso
disparate mientras se apaga este insumiso
instante.

Y se va. Y se acaba.

Mientras, noto tus últimos deshilachados hilos
absorta en tu aroma, absorbo lo que aporta

aunque aborte al borde de este filo
ya lejano que veo al dibujar el mundo.

Una estela que dibuja la marca
que siempre me acompañó en mi
camino.

Una estrella que solo podía ver a la luz
de la luna.

NOMBRA AL VIENTO

Qué quieres que te diga a esta altura
si el viento al rozarme la piel me eriza
al fin. Si tu pelo por mí se desliza
y acaricia el horizonte con infinita hermosura,

si ya su vaivén no incita a la locura,
a la desazón, a la incertidumbre, ni ya eterniza
el dolor que sobre mí se alzaba; ahora ameniza
mi velada con su línea torcida y su figura.

Que lo que ocurrió ayer se lo llevó el viento
y quedó esparcido, lejos, alejado de su aliento,
ni ya nombra a ese ayer que fue y no vuelve;

ya no es presa de la ocupación que nada resuelve.
De la falta de amarre y sustento.
De la falta de aire que el alma ahora absuelve.

TIERRA

Tierra. Tras el vendaval y el oleaje
al fin llegué a puerto. A tu firme costal.
Y costó, claro que costó y dejó peaje
el arcaico canto y la desesperanza y su mal
vestido de pegadiza melodía. Nada más traje,

juro que nada más que el ánimo por que mi ánima
viviera. Comprendo hoy que esa inestabilidad
fue quien me llevó a mi seguridad; lástima,
lastimera melodía me atrajo a la posibilidad
de quedar plasmada en papel, dibujo y lámina,

un cuadro sin nombre ni quien lo pintara
surgido al azar de la rama y su montaña,
del ave y su árbol de paso volando a cara
y espanto de la seguridad de su aledaña
sepultura, anclada y envidiosa de su tara,

que así la llamó al verse encerrado
en su bello clamor, y así aprendió a imitar
y no a limitar el acto y el estado
de quien tenía al lado, sino a suscitar
el cambio y el movimiento naufragado

elevado a la cumbre más extraña,
aquella que vio en la profundidad

de su ser, aquella que menos daña,
aquella mancha y línea que hoy llama ciudad,
casa, hogar. Aquella que ahora no empaña

sus ojos y espera a esa canción sin nombre
que aún no ha llegado. Deja que te diga la verdad…
nunca creí en las despedidas, así que mi costumbre
será seguir diciendo que en mi bola de cristal
te quedes, viendo el mantra que más alumbre.

QUIERO RECORDARME

Quiero recordarme este momento de calma
para todo aquel momento en que me abandone.

Quiero recordarme que los males que me persiguen
no me definen por mucho que a veces me dominen.

Quiero recordarme que mis cimientos
siguen ahí por mucho que a veces se tambaleen.

Quiero recordarme aquí, en paz, soltando
la culpa que a veces me atenaza
y me impide ver más allá de mis sentimientos
y emoción que me embriaga y a veces ata.

Quiero recordarme libre y haciendo libre
a quien me rodea y que sientan seguridad
en mis palabras, en su espejo reflejadas.

Quiero recordarme que la luz da sombra
y que esconde los males que a veces asolan;
pero que están detrás de mí, no conmigo,
y que su niebla no ennublece la vista
por mucho que a veces pierda mi horizonte.

Quiero recordarme alta de autoestima
y por eso me lo escribo. Para no caer

en los fallos del ayer, aunque a veces
me sienta alejada de mí, ajena, perdida en mí.

Quiero recordarme queriéndote y queriéndome
bien, para poder seguir viéndonos acogidas de la mano.

Quiero recordarme.

Recordándonos.

NOTA DE AUTORA

Hola, ¿qué tal?

Os hablo desde mi calma
mi rinconcito de paz. Me veo respirar
aquí, entre pinos y robles y matorrales,
entre las rocas del monte y el mar
y el sumergido cantar del acantilado
que la lluvia precipitó. Necesito este verde
y aroma que aporta su naturaleza,
porque me siento aquí en casa.

El exceso de gente me abruma.
El exceso de ruido me satura.

Por eso recurro al silencio del bosque,
al sonido de las espigas por el viento
estremecidas. Es el secreto que encierra,
silencio que guardo ferviente a simple vista.

Si te pausas
a mirar con detalle

esto es para mí
y es para ti.

Bienvenida a mi mundo.

ÍNDICE

Prólogo, por Atín Moreda 11
La espera 11
Permitirse 13
Pausa 14
Siendo 15
De vuelta 16
Sentido 17
Candor 19
Azul 20
Conservar o vivir 22
Remedio 24
Hay días… 26
Mundo 28
Tu gravedad 30
Sin más 31
Rojo 33
Llamada 34
Grafía 35
Esfuerzo falso 36
Sola, aquí y ahora 38
Dicen 39
La vida sigue 41
Recordándote 42
Marrón 43
Canción 44

Tejido 45
Baila 46
Luna nueva 47
Calor de otoño 48
Merodeando el cielo 49
Morado engaño 50
Refugio 51
Tiento 52
Voz perdida 53
Libre 54
Cielo 55
Camino 56
Queridos demonios 57
Fantasmas 58
Llama 59
Recuerdos del mañana 60
Hasta el último de mis días 62
Blanco 63
Luz 64
Verde 65
Vaho 66
Arrullar 67
Tu rumor 68
Acógeme fuerte 69
Coloreando al viento 70
Amor 72
Si las paredes hablaran 73
Comienzo 75

Sin palabras..76
Calor congelado..77
Amiga..78
Concierto..79
Como quieras, llámalo..80
Descanso..81
Pensarte..82
Falta..83
Que duela..84
Piezas perdidas..85
Te digo..86
Hasta que deje de doler..87
De veras..88
Un año de distancia..90
Nada más quedó..91
Solo llorar..92
Descarnada..93
Norte..94
A tu costado..96
A la mar..97
Piel perlada..98
Pena sin nombre..99
Amargo amar..100
No te vayas..101
Nada..103
Muerte revivida..104
Ida..105
Negro..106

Refugiada 107
Retrato 108
Lazo de viento 109
Nudo 110
Vibración 111
Espejo 112
Enlazadas 113
Déjame volar 115
Costumbre 117
Júpiter 118
El infinito de tu mirar 119
Llévame 120
Mar brillante 122
A la par 123
Conchas partidas 124
Que me cueste 125
Memoria 127
Lirio retador 128
Nada más que aportar 129
Cerca y lejos. Lejos y cerca 130
El olvido y el arte 131
Imagino 132
Diciembre 134
Rosal de narcisos 135
Partida 138
Tormenta 139
Empezar 140
Aunque me costara 141

A la luz de la luna..142
Nombra al viento..144
Tierra..145
Quiero recordarme...147
Nota de autora..149

Este libro se terminó de editar en Granada
en septiembre de 2025 por

www.aliarediciones.es
info@aliarediciones.es